LA CARTE DES FEUX

DU MÊME AUTEUR

chez le même éditeur

Là-bas c'est déjà demain, poésie, 1994.
Écrire l'Amérique, essai, 1995.
Fais-moi mal Sarah, poésie, 1996.
Viendras-tu avec moi ? poésie, 1996.
Love and Sorrow, poésie, 1998.
L'entretien du désespoir, essai, 2001.
Piano, poésie, 2001.
Figures de l'abandon, essai, 2002.
L'atelier vide, essai, 2003.
L'eau de Kiev, poésie, 2006.
Traité de physique, poésie, 2008.
Aimée soit la honte, poésie, 2010.
Renversements, essai, 2011.
Pour les désespérés seulement, poésie, 2012.

chez d'autres éditeurs

Les masques du récit, essai, HMH, 1980.
L'imaginaire captif, essai, Les Quinze, 1981 ;
L'Hexagone, coll. Typo, 1992.
Comme des mannequins, roman, Primeur, 1983.
Profil de l'ombre, poésie, Les Écrits des Forges, 1983.
L'été Rebecca, roman, Seuil, 1985.
Une encre sépia, poésie, L'Hexagone, 1990.
Effacement, poésie, L'Hexagone, 1991.

RENÉ LAPIERRE

La carte des feux

poésie

LES HERBES ROUGES

Les Herbes rouges remercient le Conseil des arts du Canada, ainsi que le Fonds du livre du Canada et la Société de développement des entreprises culturelles du Québec, pour leur soutien financier.

Les Herbes rouges bénéficient également du Programme de crédit d'impôt pour l'édition de livres du gouvernement du Québec.

Catalogage avant publication de Bibliothèque et Archives nationales du Québec et Bibliothèque et Archives Canada

Lapierre, René, 1953-

La carte des feux

Poèmes.

ISBN 978-2-89419-497-3

I. Titre.

PS8573.A631C37 2015 C841'.54 C2014-942831-6
PS9573.A631C37 2015

Dépôt légal : Bibliothèque et Archives nationales du Québec,
Bibliothèque et Archives Canada, 2015
ISBN : 978-2-89419-497-3

PREMIÈRE PARTIE

Les coups pleuvent (Dénégations)

1

Chansons des charbonniers (Laurentia)

J'écris ceci.
Je commence ici, dans le
complet désordre
de mon cœur.

(Je vous écris à vous. Je m'adresse
à vous
avec de grands espoirs.
Aidez-moi.)

Voici le territoire des chagrins et des deuils.
(Il a la forme d'un tertre
d'un lac ou d'un rectangle
de papier.)

J'écris ceci dans une maison
vide ; tout autour poussent
des pruches. Le sol est couvert
de millions d'aiguilles. (C'est un secret.)

Voici le territoire
du nu, le murmure de l'eau
sous la terre. (Avec amour
nous le découvrons.)

J'écris ceci pour rien, c'est une lettre
donnée, perdue voudrais-je dire. Cela
n'importe pas. (Je suis à vous, devrais-je dire.
Cela n'importe pas.)

Voici le territoire du cassant
et du grave ; les carillons tintent, la pluie
nous donne des frissons.
L'amour nous broie.

Voici que nous entrons
dans son énigme, sa lumière
de vide
et d'ouvert, tiens.

(Un jour j'ai fait ça.
Je suis
parti, je suis
entré dehors :

le monde était
une plage, la plage
une ligne et mon cœur
infini.)

Jadis j'ai écrit sur une portion de sable
en forme de croissant : quartier d'orange
ou de melon pour les chaleurs d'été, les nuits
de canicule.

Jadis j'ai écrit au bord de la lumière.
Les merveilles tombaient de haut
dans les paniers de paille, les mains
petites que nous tendions.

Nous étions d'une telle innocence
(nul ne s'attendait à rien) et d'une telle foi
(nul ne doutait de rien). C'était
effrayant de blancheur.

J'écris ceci à l'intérieur d'une épave.
La puissance des marées m'effraie. L'amour
n'est pas facile, il ne veut pas
de la facilité.

J'écris caché, à demi-mort. L'angoisse
plonge, lustrée comme une loutre
au milieu du ruisseau. Le sol dégèle à peine.
L'eau est coupante.

Voici le territoire du déviré, des en-travers :
mes lettres jetées pour vous dans l'Anse-au-vide
que d'ordinaire les cartes du littoral
ne montrent pas. Quantité de chiffons.

Voici enfin l'île aux Adieux, le ruisseau
du Bois-de-mon-père. La rue
des Presque-cousines et, tout au bout, la maison
de la femme que j'aimais.

J'écris en témoignage
de la séparation des continents, sur un vaisseau
de roches magmatiques, au milieu
d'océans neufs, orageux.

J'écris dans une plaine de temps, sous un ciel
sombre. D'immenses arbres sont apparus.
Les Appalaches s'élèvent par froissements.
L'oxygène est toxique.

J'écris dans le charbon, riche
des désastres à venir. J'écris
sur le brocart, les corps
loués, les parfums chers.

Je suis l'anthracite, le poison
de ricin, le capital qui tue
qui viole et qui jouit, avide
de profit et de mort.

J'écris dans le limon. La rivière
somnole sous les aulnes, les bécasseaux
grimpent sur moi.
Tout ce que je porte sent la boue.

Quand il fait nuit la terre gronde.
En ce moment la brise souffle
du sud-ouest, vingt-neuf kilomètres ; la pression
barométrique descend. On attend de forts vents.

2

Ce n’est pas un métier (Dépouille)

J'écris ceci dans le couloir d'un immeuble cafardeux, à cinq étages, montrant en permanence des affiches À louer. *Le bloc s'appelle* Le Colborne. *Un nom ni beau ni laid, qui fait ce qu'il a à faire. Vous savez.*

J'écris ceci dans un hôpital, parqué au milieu d'individus dépenaillés qu'on appelle en jargon médical les accidentés généraux. Le monde ne va pas bien.

J'écris ceci dans une morgue où l'on m'a conduit pour reconnaître un mort. J'ai fait cela devant un préposé. J'ai dit mon nom, hoché de la tête. Signé des papiers.

Lorsqu'il revint à lui, Paschetti était allongé sur le ventre, le nez collé contre un objet métallique. Il tâtonna à la recherche de ses morceaux. Du sang avait séché sur son visage. Il tenta d'ouvrir les yeux : ça n'allait pas être facile.

La pièce était sombre. Apparemment quelqu'un avait eu l'idée d'éteindre en sortant. Des éclats de verre luisaient sous le bureau, à dix centimètres de lui. Sa chaise avait été renversée, la corbeille à déchets et les tiroirs aussi. Il essaya de se relever, mais une intuition lui dit que ça pouvait attendre.

Quand il parvint à se mettre debout, il faisait nuit.

Paschetti voulut ouvrir le store mais il était déjà ouvert. Il fit couler le robinet et le referma.

À l'étage du dessous le téléphone sonna, personne ne répondit.

Son nez lui élançait. Il décida de respirer par la bouche. Ça sifflait quand l'air ressortait.

En ouvrant la porte de son bureau il aperçut une petite enveloppe bleue qu'on avait glissée à l'intérieur. Il se pencha pour la prendre. Son crâne protesta. L'enveloppe contenait quelques lignes griffonnées au crayon :

Mon bonheur vient de moi-même
et mon malheur vient de moi-même.

En toute circonstance dieu
guide mes pas.

Paschetti sortit, le couloir était désert. Pas un chat. Rien de brisé. Les tapis et la console avaient conservé l'air morne qui sied à un couloir. L'ascenseur fonctionnait toujours. Aucun incident n'avait eu lieu, rien ne s'était produit.

Il retourna la carte. Au verso se trouvait un autre mot :

Ne faites pas le difficile. Venez, je vous en prie.

Devant la porte de l'appartement voisin il entendit une voix de femme. Au bruit, on aurait pu croire que quelqu'un essayait de l'étouffer. « Arrête, oh arrête, je te dis. »

Il eut l'idée d'ouvrir. La femme le regarda, stupéfiée.

« C'est mon chien, dit la femme.
– Votre chien.
– Mon chienchien, répéta-t-elle en le cajolant.
– Je cherche un homme blond, assez gros », dit Paschetti.

Le regard de la femme devint distant.

« Comme c'est triste. Viens Marcel. »

Elle tendit au chien une espèce de pâtisserie trempée dans le thé. Paschetti serra les dents, ça le fit grimacer. Que de temps perdu.

La femme ramena les yeux sur lui. « Vous ne croyez pas qu'il faudrait montrer ça à un médecin ? »

La porte se referma. De nouveau seul, Paschetti dut s'appuyer un moment sur la console. Le miroir à dorures lui renvoya la photo d'un pauvre gars qui paraissait sonné.

«Tu parles d'un choc, lui dit le gars.
– *Tovaritch*, dit Paschetti.
– Tu devrais prendre l'air. Appeler un taxi.
– Penses-tu. Je vais attendre un peu. On a le temps.
– *Tovaritch*», fit le gars.

Il disparut. Sous le miroir s'empilaient de petits cartons portant le nom d'un service d'entretien ménager.

Dieu guide mes pas.

Il se remit à marcher en direction de l'ascenseur.

Au bout d'un temps assez long, l'ascenseur atterrit au rez-de-chaussée. Le hall était désert. Sur le mur de droite, une autre console et d'autres dorures faisaient leur possible pour que ça ne tangue pas trop. Un bouquet de lilas se fanait près de la porte vitrée.

Là où plusieurs auraient vu un hall vétuste, Paschetti voyait plutôt des tas de cailloux. À la place des fauteuils, des feux de poutres ; au lieu des tapis, de la terre fraîchement retournée. L'odeur du lilas l'écœurait.

Dehors, la rue gîtait d'une dizaine de degrés. Nuit couleur d'ambre. Un taxi attendait. Appuyé contre la portière le chauffeur fumait une cigarette, qu'il jeta quand Paschetti monta.

(Où l'on voyait une île tu as vu un naufrage ;
où l'on voyait une main tu as vu un chien.
Là où d'autres ont vu une coupe tu as aperçu
un gouffre.

Là où il y avait une nuit d'été, un hôpital ;
où s'ouvrait une fenêtre, un bloc de grès.
Une améthyste – un poison.
À jamais réjouis-toi.)

Le chauffeur attendit un moment que Paschetti lui indique où il voulait aller. Au lieu de quoi celui-ci demeura silencieux. Sa respiration était sifflante. Encore un qui tenait le mauvais bout. « Vous attendez quelqu'un ? »

Pas de réponse.

Paschetti se contenta de lui tendre une petite enveloppe. Une adresse était inscrite dessus. Le taxi démarra doucement.

(Mon dieu je me réfugie
en toi maintenant. Je sacrifie
mon lien d'amour ; je retourne
avec mes mains ma pauvreté
mes duretés, je te les donne.)

Le chauffeur conduisait sans se presser.

De temps à autre il laissait échapper un murmure ou un grognement, comme s'il se parlait à lui-même et que cette conversation l'ennuyait. La tête de quelqu'un qui n'était pas vraiment là, pensa Paschetti. Mon pauvre ami.

La course coûtait un prix faramineux. En se tournant pour prendre l'argent, le chauffeur observa le visage de son passager.

« Shhhh ! Qu'est-ce qui vous est arrivé ?
– J'ai pris un coup de vieux.
– Oh, là là, fit le chauffeur.
– Oh, là là », répondit Paschetti.

Il sortit.

(Je suis mon père et mon amour perdus, femme
et fille, toutes deux je suis – et suis également
dans mon corps d'homme
cela : celui et celle que tu as frappé
et frappée.)

C'était assez moche comme quartier.

À l'exception de rares fenêtres, la maison où il était attendu donnait l'impression d'avoir été construite par quelqu'un qui n'avait à sa disposition que des bardeaux de cèdre et des poteaux de galerie. Sur sa gauche, une rangée de grands ormes la surplombait ; le sol était couvert de mousse.

Au bas de la rue, le taxi tourna à droite et disparut. Paschetti ressortit l'enveloppe, vérifia l'adresse. Il appuya deux fois sur la sonnette. Une femme lui ouvrit ; elle paraissait gênée.

« J'aurais préféré qu'on ne vous tape pas dessus, dit-elle.
– Chacun ses goûts », fit Paschetti.

(C'est effrayant mon dieu.
Où que l'on regarde
ton amour est sur nous
– comme l'homme est sur
moi et me viole.)

La femme lui sourit. Ce n'était pas un vrai sourire, mais Paschetti le lui rendit.

« Lou n'est pas méchant, dit-elle ; vos grands airs lui ont déplu.
– Noté, fit Paschetti. Pendant qu'on est là tous les deux, vous ne pourriez pas me dire ce que vous me voulez ? »

Il avait toujours à la main l'enveloppe. Elle la fit disparaître, il se demanda comment.

« Personne ne peut rendre une autre personne heureuse, dit-elle en haussant les épaules. Faire le bonheur de quelqu'un est une idée folle et faire le malheur de quelqu'un une ambition plus folle encore. Ne compliquez pas tout, voulez-vous ? Entrez. »

Paschetti passa mentalement en revue les derniers événements sans complication de son existence et se retint de commenter. Il aurait peut-être dû rester couché sous son bureau.

Elle referma la porte derrière lui.

(– Sur moi, arrachée et couverte
à la fois, et par force maintenue ;
mon dieu d'amour
– c'est effroyable –
est partout.)

L'intérieur était encombré. Beaucoup de meubles, des malles, des boîtes marquées de chiffres et regroupées par lots. Il y avait aussi des piles de journaux, des cartables, des livres. Pas de désordre, à proprement parler, mais un grand nombre d'objets. Il fallait regarder où l'on mettait les pieds.

« Vous ne vous en sortez pas, on dirait.
– Ne faites pas attention.
– Comme vous voudrez. »

Elle se retourna.

« Il n'y a jamais rien qui va comme on voudrait. Ni vous ni moi ne décidons de la moindre virgule. Pouvez-vous admettre ça, imaginer un peu ? »

Elle soupira, se ressaisit : « J'ai tant à vous dire, et cependant je ne sais rien du tout. »

(Tes largesses – les sillons qui mordent
la glaise, les enfants tués
le sang des bêtes
le massacre – tes largesses
sont trop grandes pour nous.)

Paschetti ne trouva pas à redire. Ce qui se passait à l'intérieur de lui appartenait à une histoire vieille comme le monde. Il ne se déroba pas.

« C'est pour vous, dit simplement la femme. Les cartons, les lettres. Ses papiers.
– Solomon », dit seulement Paschetti.

Le visage de la femme se ferma.

« Ceci excepté – elle montrait ses affaires – vous ne pouvez rien pour moi ni pour lui. Ne m'en demandez pas davantage. »

Elle ferma les yeux.

« La vie ne fait que ça, nous trahir et filer, ajouta-t-elle. Les gens aussi. Chacun ment, conspire et décampe. »

Elle parlait en alexandrins.

« Je suis désolé », dit Paschetti.

(Maintenant dis-moi :
dans mon retournement, mon arrachement
comment vais-je faire, dieu d'amour
insondable, par quelle
violence commencer, quelle honte t'aimer ?)

Sa tristesse à lui ne pouvait rien contre sa colère à elle. Le cavalier et la tour restèrent un moment à se surveiller. Le cavalier ne faisait pas le poids.

« C'était mon père, dit-elle. Je lui ai parlé trois fois. Les deux premières il était furieusement soûl, c'était il y a longtemps. La troisième il avait cessé de boire mais se chamaillait avec les anges au sujet d'une femme. Plusieurs hommes font ça je pense. Moi, en définitive, il ne m'a jamais vue. »

Paschetti ramassa une feuille pliée en quatre, à côté d'une boîte endommagée par l'eau. Il la déplia.

Seigneur, tu vois
ce gâchis. Obstinément je t'aime
tant et plus.

3

Choses innombrables (Paléographies)

J'écris ceci dehors, sorti pour toujours par une porte basse donnant sur quelques centaines d'hectares en développement au nord de la ville. Les talus sont immenses. D'abord on dirait des jardins ; on se rend bientôt compte que ce sont des terrils de mâchefer et de charbon, sur les pentes desquels poussent des herbes rêches.

J'écris ceci au milieu d'un terrain vague, un au-delà de jeune banlieue. La mort aussi a un commencement. Elle naît et grandit, nous la fêtons et l'aimons. Nous ne le savons pas, nous ne l'admettons pas, mais c'est ce que nous faisons.

Photos, papiers, prières, feux, cartons, caniches, taxis.

Un complet désordre.

Sacrée dégelée tout de même. Recommençons.

Après avoir ramassé l'enveloppe, Paschetti entreprit de longer le couloir. Il allait lentement, pensait lentement.

Que de temps perdu.

Devant la porte du 22, il entendit se lamenter un petit chien que la voisine essayait de calmer. « Sage, Marcel, sage. »

Il retourna la carte. Au verso se trouvait un second message, écrit d'un trait léger, à peine lisible : *Ne faites pas le difficile. Je vous en prie, venez.*

Il y avait aussi une adresse.

Ça ne va pas. Prise deux.

Paschetti ouvrit la porte de son bureau, délogeant une enveloppe qu'on avait coincée entre le montant et la poignée. L'enveloppe faisait une tache claire sur le tapis. Paschetti la ramassa. Un carton se trouvait à l'intérieur. D'une main hâtive, quelqu'un y avait griffonné deux paragraphes.

Le seigneur est sur moi. Il me prend.
Mon secret s'ouvre dans un cri
et les pierres de la honte me blessent.

Au fond de mon âme ne subsiste rien
de ce que je fus. – De ce qui fut par moi
donné, par moi reçu.

Ça ne fonctionne pas. Essayons à nouveau.

Paschetti ouvrit l'enveloppe, déplia le papier qu'elle contenait.

À tout moment je chancelle et je tombe.
Dieu guide mes pas.

Nul. On reprend depuis le début.

Quand il ouvrit la porte de son bureau, Paschetti trouva que le couloir avait une odeur chlorée. Puis il aperçut une petite enveloppe tombée par terre. Le mouvement qu'il fit en la ramassant provoqua une nausée. Quand il se releva, l'éclairage vacillait. Le patient était drôlement amoché. Ça passerait.

L'enveloppe contenait une dizaine de lignes écrites à la main, très pâles. Ça ressemblait à une prière. À qui, pourquoi, allez savoir.

Mon dieu j'ai plus de haine que toi.
J'ai plus de mal
que toi, plus de désirs
de faims, de feux
que toi.

Mon ardeur est grande.
Je me suis donnée
aux ivresses et aux crues
aux errances
aux dangers.

Rien à faire. On recommence une autre fois.

Paschetti parvint à ouvrir la porte de son bureau ; il tenait difficilement debout. Il franchit néanmoins le seuil et remarqua une petite enveloppe qui semblait flotter au milieu d'une mare de désinfectant.

Il tenta de la ramasser. Sa vision se brouillait, une mousse collante mouillait ses chaussures. Fichue saloperie. Il réussit à faire une dizaine de pas.

À mi-couloir, peinant et soufflant, il s'arrêta une minute devant la console. Le marécage disparut.

Allons, le temps file. Reprenons à partir de là.

Vers le milieu du couloir un chien se mit à aboyer. Paschetti tourna la tête, le miroir l'encouragea : *Tiens bon Madelon.* Pendant ce temps quelqu'un essayait de faire taire le chien. *Sage, Marcel, sage.* Peine perdue.

Paschetti passa son chemin, appela l'ascenseur. Deux ou trois siècles s'écoulèrent. Lorsque la porte s'ouvrit il voulut ressortir l'enveloppe, en vain. La porte se referma. L'enveloppe était sur le plancher. Péniblement il se pencha, la reprit et lut :

Nous nous sommes assis, espèce légère
dans des maisons qu'on disait indestructibles.

Ça ne va pas. Ressaisis-toi.

Quelqu'un t'a flanqué un coup, mais pas assez fort pour que tu ne te relèves pas. Une affaire d'argent ou de rancune, évidemment. Le monde est devenu un foutoir. Nous vivons au milieu des cochons, et tu t'étonnes que ton pantalon soit sali ?

Reprends tes esprits, fais quelques pas. Doucement. Dirige-toi vers l'ascenseur. Bien.

L'enveloppe à présent ; tu l'ouvres.

Ne t'arrête surtout pas, tu vas tout faire rater.

Déplie le papier – doucement, tu le déchires. Au bas de la feuille sont couchées six petites lignes. Lis-les.

Je parle sans pitié de mon mal.
Je le mets à nu devant toi
sous tes yeux. Tu t'en fiches glorieusement.

Pas le moindre geste. Quel salaud.
Ta science est sans faille.
Ta justice absolue.

Il y a aussi une adresse. Excellent. Tu replies le papier, tu le ranges. Tu descends au rez-de-chaussée, parfait.

Maintenant tu appelles un taxi.

Là. Tu recommences à traîner, mais regarde-toi donc.

Sors. Va-t'en vite. Non, pas comme ça. Fais attention, appuie-toi un peu sinon tu vas tomber.

Ce papier-là n'est pas à toi. Remets-le dans son enveloppe. Les affaires des autres ne te concernent pas. *J'ai dit ne touche pas.*

Tu n'as vraiment aucune retenue, hein ?

Pas la moindre décence.

Tu fais pitié.

Tu vois mes souffrances
réunies comme des bêtes
patientes, harcelées par les chiens.

Je suis ton troupeau, je me confie
moi seule, moi toute
à toi, à tes bienfaits innombrables.

Tu m'as chargée de toutes les joies, allongée
sur ton herbe. – Et voilà qu'à présent
mon dieu je voudrais de toi des choses
indignes.

Viens en moi.
Mouille ma bouche.

– Écarte-moi
de ta vue.

4

Écrits scandaleux
(Les cinq cents noms de dieu)

J'écris ceci dans la plaine du Saint-Laurent, à quelques dizaines de kilomètres de Montréal. Étrange pays aux terres plates, dépassant à peine le niveau de la mer, et reposant sur les marges inférieures du Bouclier canadien.

À l'horizon, cinq collines sont comme les piliers d'un pont jeté de l'ouest à l'est au-dessus des terres basses (mont Royal, mont Saint-Bruno, mont Saint-Hilaire, Rougemont, mont Yamaska), tandis qu'en avant le mont Johnson, appelé maintenant Saint-Grégoire, est en sentinelle vers le sud : en fait, un troupeau de lourds pachydermes lâchés à travers la plaine.

Ces terres basses et leur sous-sol, riches en minerais et en hydrocarbures, ont vu se succéder depuis une centaine d'années des pillages d'une inconséquence et d'une incurie effrayantes.

Qu'est-ce qu'on peut dire à présent ? Tout s'est effondré, ou presque. Ça recommence chaque matin, l'argent mange la vie, tu vois les morts que ça fait, les boucheries, les guerres – oh ! les beautés. Les somptueux cadavres qu'on se paie.

Sur la face du globe règne une grande sérénité. Mon cœur bat trop vite. Sinon tout est en ordre.

Brecht écrivit au siècle dernier un poème
intitulé *Extraits d'un manuel*
pour habitants des villes.

Mais nous ? Que pouvons-nous offrir
à ceux que nous croisons ?
À chacun d'eux il faudrait dire je t'aime.

Donner ça sans faire de manières, comme
une nécessité : des fruits, du pain
rapportés exprès de l'épicerie.

Seulement voilà : où est la personne qui
en voudrait – qui serait assez nue
dans sa faim et sa soif?

Où sont les hommes et les femmes qui n'ont pas
plutôt entassé chez eux, comme des biens
précieux, leurs rancunes ou leurs médicaments ?

Au milieu de leurs affaires, quels sont ceux
ou celles, croyez-vous, qui accepteraient encore
de me parler ?

Paschetti n'arrivait à rien.

Il alluma la lampe. Elle éclaira d'un jaune douceâtre les papiers du bureau. Il éteignit.

Il ouvrit la radio, sortit de sa poche trois cachets d'aspirine.

La vie passait, les minutes du bonheur chantaient dans sa mémoire. Des sottises, comme à l'habitude.

Il ferma la radio.

La semaine dernière, celle d'avant et la plupart des précédentes – jusqu'à une date qu'il n'aurait su préciser, mais pour un motif dont il se souvenait – une femme était venue le voir et lui avait parlé.

Elle avait les cheveux noirs. Un jour elle les avait coupés.

Il n'avait pas pu faire de miracles pour elle – et pour lui-même rien du tout.

J'écris ceci au bord de la mer. Ça ne m'aide guère. Le calme est effrayant.

Après six mois de solitude j'ai fini par croire à la bonté des marées.

Ce qui m'attend me terrifie.

Ma niaiserie devient immense, rassurante avec sa manie de se montrer partout, de m'envoyer des fleurs, des billets doux, qu'est-ce que je raconte. Parfois j'entends ta voix. Je cherche autour de moi.

Personne. Seulement la mer.

Des vagues et du grès rose, comme si ça avait du bon sens. Comme si ça se pouvait, une affaire comme celle-là. Je pense *regarde, on voit la mer.*

Sinon quoi. Il y a ce que l'on voit, on fait de son mieux.

Vient un moment où il faut s'en aller – il faut partir, ça doit cesser.

Certains jours nous ne savons pas. Nous ne voulons ni du haut, ni du bas, ni du dehors. Toute pensée nous est devenue étrangère.

Certains jours nous tombons. Nous achetons du pain, des fruits ; nous les laissons sur la table. Nous les oublions.

Certains jours ce que nous touchons existe à peine, le monde est à peine vrai. *Nous sommes assis, espèce légère.* Nous ne pensons à rien.

Certains jours le soleil s'abrutit et l'angoisse tourbillonne au-dessus des maisons. Dans nos chambres elle allume des feux.

Certains jours nous avons de la joie, et la joie nous exauce. Nous sommes balayés par sa blancheur avec les âmes, les fleurs et les os.

Certains jours nous perdons courage. Nous tentons de nous remettre en route. C'est inutile. Nous ne le pouvons pas.

Certains jours nous nous oublions complètement. Ces jours-là nous restons dehors, nous ne retournons pas vers nos demeures.

Mais rien ne se termine. Le désordre s'escarpe. La matière et l'esprit se confondent. Le vent charbonne, la terre rougeoie.

Pendant ce temps on se demande quoi faire, où aller – quand et lorsque, comment et quoi, la-laire-lon-la. Des chansons bercent nos souvenirs.

Pendant ce temps les continents morts se soulèvent, leurs proues de pierre glissent au-dessus de nos têtes. Le ciel grince. Nous allons chavirer.

Paschetti regarda, au coin du bureau, le calendrier qui ramassait la poussière. Chaque case avait beau porter un chiffre, les trente et un rectangles donnaient sur le néant.

Autour de lui les papiers voletaient. Chiffres, notes, imprécations, prières. Où diable pourrait-il ranger ce fouillis ?

Lors de leur dernière rencontre, la femme qui était venue le visiter avait voulu lui donner une lettre.

Il essaya de se rappeler la couleur de ses yeux.

J'aperçois sur le mur un petit rayon blanc.
Cela fait une tache, une sorte
de fleur.

Quelqu'un jadis m'a mis en garde : cette image
serait la dernière que je verrais
de mon vivant.

Ça m'est égal, je serai en paix.
Je resterai là sans bouger. Pas très beau
poussif, patraque, passé.

Une mort de plus, quelle importance.
Scandale pour scandale, allons-y.
Commençons.

Mon dieu est un homme qui marche dans une combine ou dans une autre, mon dieu est une femme qui se vend aux enchères et mon dieu est un enfant qui apprend de son père à maltraiter les enfants.

Loué soit tout ce monde.

Mon dieu est un communiqué de presse, un égratigneur de vélos, un livre trop cher, une carte à jouer; une expression convenue, un sale quart d'heure, une magnitude sept, une porcelaine.

Mon dieu est un mensonge politique, un mécanisme de défense, un cube en acrylique, une caisse de bière, une teinture blonde, un faux-fuyant.

Mon dieu est une tâche inhumaine, une injection de méthylphénidate, un manquement à l'étiquette, une erreur sur une carte géographique, un objet trouvé, une allergie aux ultraviolets, un yogourt sans gras, un lit de fer au quatrième étage d'un orphelinat.

Mon dieu est un sweat-shop de huit étages qui s'effondre à Dacca. Un malentendu portant sur l'alinéa trois. Une minuscule mouche verte que l'on croyait disparue. Un désert créé par Coke autour d'un village du Rājasthān. Un grand silence médiatique.

Mon dieu est une démission inattendue, une société livrée à l'argent, une enquête de la police sur elle-même. Mon dieu est un actionnaire, un rentier. Un collectionneur, une étagère de bibliothèque, un immeuble de vingt-trois étages donnant sur Bryant Park.

Son savoir est immense.
Sa sagesse nous stupéfie.

Mon dieu est un geste tendre, un parfum de rose sous une pergola, une hypothèque à taux variable, un portrait d'Ozias Leduc. Mon dieu est une planche de pruche, un comique à la Louis de Funès, un sermon heideggerien.

Mon dieu est partout. C'est indécent, ça va au-delà du supportable. Il n'y a pas de solution.

« Je suis », dit le seigneur.

Mon dieu est un carreau de linoléum gris. Un motet de Palestrina. La gomme à effacer avec laquelle je fais disparaître une page, puis une autre – puis la moitié de la suivante, jusqu'à ce que le papier se froisse ou se salisse, ou se déchire.

Ne vois-tu pas ce que j'ai retenu ? Ce que je n'ai pas osé, pas pu te dire ?

Dans les mots tu détaches les lettres. Dans les lettres, les parcelles d'ombre où se cache le temps. Il y a encore ceci : les lettres sont des pierres. Leurs ellipses nous relient aux étoiles.

Écoute ce que dit le souffle :

Mon dieu est une brise tiède.
Un soir de mai.

Notre souffrance est sans bords.
Alléluia.

Mon dieu couche sous le boulevard Métropolitain derrière une colonne de béton. Il ressemble à Robin Williams jouant *The Fisher King.* Le froid, la pluie l'incommodent parfois. Pas le calcium, ni le monoxyde ni le bruit. Il aime l'odeur du carton mouillé. Il se regarde au milieu des flaques d'eau. Il n'est jamais monté à bord d'une automobile.

Mon dieu est une école duplessiste, une hausse du PIB. Un conglomérat de presse, une nébuleuse portant le numéro de catalogue NCG 138 ; un bêta-bloquant, un cinq septembre. Un asphodèle.

En langage symbolique, l'asphodèle signifie *mon cœur est esseulé.*

Mon dieu est infaillible.

Mon dieu a fait un fou de lui en d'innombrables occasions. En aucun cas cela ne s'est produit de façon intentionnelle. En aucun cas il ne l'a fait délibérément. En d'innombrables occasions c'est la colère, la jalousie, l'aveuglement ou le dépit qui ont eu raison de lui.

Mon dieu nous a créés à son image.

Nous n'en avons plus pour longtemps à aggraver les choses, nous arrivons enfin.

Tout, ou presque tout nous précède.

Chaque minute, chaque seconde ne sont que d'effrayants anniversaires.

Mon dieu emmenait jadis ses enfants à la pêche. Il faisait des pique-niques, sortait de la décapotable une couverture à carreaux, installait la glacière à l'ombre pour que les sandwiches et les boissons gazeuses restent au frais. C'était un dieu d'amour. Il donnait aux femmes des permanentes à l'ammoniaque et aux hommes des flacons d'Aqua Velva pour qu'ils se tiennent tranquilles. Le monde sentait horriblement mauvais. La perchaude n'était pas une espèce menacée. Les olives farcies étaient heureuses au fond des martinis.

Mon dieu est un vasistas de bois, une auberge à la campagne ; une tasse d'eau de Javel, un drap de coton étendu au soleil.

Mon dieu est un grand désir de bonheur contré par un carafon de liquide antigel – éthylène glycol et méthanol, au goût sucré, létal à très petites doses. Mon dieu est simultanément et indifféremment la bonne conscience du chimiste qui a fait ajouter des substances amères au produit pour en compliquer l'ingestion, et chacune des occasions où cette précaution s'est révélée inutile. Mon dieu est une femme qui a perdu son mari le soir où il s'est couché sur le plancher du garage.

Mon dieu est un enfant mort. Une voiture américaine. Mon dieu est la profonde tristesse des casse-pipes que nous ne cessons pas d'inventer.

Mon dieu est une grande haine de l'humanité à l'endroit du vivant.

Mon dieu est une série télévisée, une contradiction qui s'aggrave entre ceci (nous-disparaissons-dans-la-lumière) et cela (nous-ravalons-nos-larmes), une boutique de modiste, une jeune Juive, un moment-catastrophe.

Ne fais pas attention
je vacille ô mon dieu.

Mon âme est indécente
et mon cœur esseulé.

Mon dieu est un ouvrier qui achète des fleurs, une passante fatiguée, un infirmier qui fume, une cause perdue, un canasson.

Mon dieu est une main que j'embrasse, un principe de division, un rouleau compresseur, une raison de s'enfuir, un bas de nylon.

Mon dieu est toi, et tous et toutes. Écoutez-moi je vous en prie.

Je t'en prie écoute-moi.

DEUXIÈME PARTIE

Testament de Solomon (Italiques)

1

Psaumes anticapitalistes (Fiches en carton bleu, 10 x 13,8 cm)

J'écris ceci dans la vallée du Dniepr, entre Kiev et Dnipropetrovsk, le long d'une dépression granitique qui tout d'abord s'élargit en terrasses, puis s'encaisse au centre du massif ancien que le fleuve dévale en rapides impressionnants, recevant au passage les eaux de la Soula et de la Psel.

J'écris ceci sous un barrage de cumulus bouillonnants, évoquant des collines de chaux au bas desquelles déferlent, par puissantes coulées, des torrents chargés de fer.

Nous sommes au courant de l'indifférence
et de la cruauté, des inégalités touchant
les liens d'amour.
Nous savons que ça ne va pas.

Nous en sommes conscients. On se dit
non ça ne va pas, on se répète
non, puis on acquiesce.
Écoutez.

Voici le chœur des hommes
exténués. Les voix des enfants
plus mal portants encore. Ce qu'ils ont à dire
ils en ont honte.

Plus que quiconque
ils en souffrent.
Tous nous en sommes
atterrés.

Voici le chœur des femmes.
Ce qu'il en reste une fois passés
les abus, les rituels
du déshabillage et de la possession.

Toutes et chacune
croit-on
tant aimées.
Un carnage.

Voici la limite, l'écroulement
de notre monde ; les arguments de la police
le matraquage, les sommations.
Voilà les évidences.

Devant cette inhumanité les lois
se renversent, les blocs de la mémoire
s'effritent ; l'abattement, la langueur
placardent l'horizon.

Captifs de nos prétentions
les remords mugissent
doit-on le dire
comme des bêtes ;

par millions celles-ci meurent
sous l'abstraction de la violence
– dite normale –
que nous avons instituée.

Par millions les hommes et les femmes
connaissent à leur tour le sort
des bêtes, qui elles-mêmes subissent
celui des femmes et des hommes.

– Le sort des tueurs et des tués ; violeurs
et violents, bonimenteurs et dépenseurs.
Peu importe, nous ne sommes pas
regardants.

« Diriez-vous madame, monsieur
que vous avez
aidé, contribué à cela ?
– Oui, je le dirais. »

« Vous saviez ce que vous faisiez ?
– Nous obéissions.
– C'est tout ?
– Rien d'autre. Nous avions des ordres. »

Étant donné l'indifférence
des moyens et des fins, les ordres
nous apaisent.
Nous aimons leur beauté.

L'obéissance paie.
Cette indécence ne choque pas.
Chacun a son prix
dit-on. Vous vous élèverez.

Voici le chœur des exécutants : flagorneurs
écornifleurs, laquais dévoués.
La démoralisation devient un art. – Photos
en page trois.

Voici les chœurs de l'invisible, des désordres
silencieux : empoisonnements, dépressions
détresses – systèmes et administrations
de l'usure. Règle par règle, procédons.

Niveau dix : vos torts sont incontestables.
Vous êtes nés, vous avez désiré
et aimé, vous êtes sortis de vos foyers.
À quoi pensiez-vous donc ?

Niveau neuf : obéissant à la police vous marchez
désormais sur la tête en chantant des comptines.
Vous demeurez modestes, vous ne dépassez pas
les bornes.

Niveau huit : les vendeurs et les flics vous
frappent à coups redoublés
pendant que les politiciens jouent de l'accordéon
aux chiens, de la cornemuse aux courtiers.

Niveau sept : tout le monde ravale sa colère.
Chacun en a salement assez d'être trompé
spolié, enfermé pour des prunes – extorqué.
De qui se moque-t-on ?

Niveau six : les injonctions pleuvent
les lois trébuchent contre les lois.
Voici le chœur des sans-gêne, des voyous
aux bouches sèches comme des ardoises.

Niveau cinq : voici les ministres des armes
et du secret.
Voici les dépeupleurs
et les mangeurs.

Niveau quatre : nous tolérons les génocides.
Les meurtres d'État, les guerres.
Nous inventons des formes générales
d'amnésie.

Niveau trois : désormais les quantités
sont seules. Le pire n'est plus qu'une question
de degrés : avec assiduité
nous battons des records de bêtise.

Niveau deux : il est interdit de nuire
au commerce. De demander du secours.
De fermer la télé.
D'aller dehors.

Niveau un : les tornades se multiplient.
L'eau monte. Les morts refluent vers les vivants.
Il est devenu clair que les pouvoirs ont peur
du commun, peur du nombre.

Zéro : quels pouvoirs ? Celui qui imite.
Celui qui promet. Celui qui tue
ou paie pour tuer. Celui qui flatte.
Celui qui fait oublier. Celui qui craint.

Moins un : nous désobéissons.
Nous descendons au-dessous des images.
Le monde se renverse : nous voilà debout
sous un pont de mécanicien, un lift de garage.

Moins deux : l'extorsion règne.
(Tenailles, laminoirs, concasseurs : ça broie.
Les débris nous étouffent.
Nous tenons bon.)

Moins dix : souillés, noircis
nous devenons la glèbe. Nos maîtres
ne nous reconnaissent pas. Nous sommes
horriblement beaux dans nos dépouilles.

Moins cent : nous les minés, les bradés, les trous
de la terre. Nous des rivières empoisonnées
couleur de Mars. Nous de la guerre, des enfants
qui naissent ensanglantés.

Moins mille : nous de la vie
toute petite, de la vérité crue. Nous des ratés
et des souffles ;
des oubliés et des morts.

Nous des corps
profanes, des mutilés. Des sacrés caves.

Nous
qui brûlons.

2

Molotov
(Notes à la mine de plomb)

J'écris ceci avec la crainte de devoir bientôt quitter la maison. Des ébranlements l'ont agitée toute la nuit, et il n'y a pas d'apparence qu'ils ne s'espacent ni ne faiblissent. Malgré cela, la fièvre me laisse un peu de répit.

Le 17 octobre 1737, au Kamchatka, un séisme
a produit un tsunami terrible : plusieurs vagues
d'une hauteur probable de 50 à 60 mètres
ont déferlé sur l'archipel des Kouriles.

*

Il y a dans mon cœur
un homme
lent, on dirait
retenu.

Durant la nuit du 29 novembre 1737, à Kirensk (Sibérie), les poutres et les fenêtres ont craqué toute la nuit.
Le lendemain, froid épouvantable.

*

Dans le
rude, le trahi.
Le cassé.
L'homme parle.

Le 26 mars 1781, tremblement à Okhotsk. Maisons fortement ébranlées. Trois oscillations d'une durée totale de quelques secondes ressenties sur une distance de 30 verstes.

*

Dans le
seul, le nu
je parle. Le chemin
s'assombrit.

Le 17 novembre 1827, sur la côte orientale de la Sibérie, 7 secousses d'une durée de 5 à 7 minutes ont eu lieu presque au même moment – fait remarquable – que le séisme de Bogotá.

*

Nombreux dans
ce cœur seul
– seuls et sans nombre
vous êtes.

Irkoutsk. Nombreuses secousses du 24 février
au 10 mars 1829. Le 8 mars, sur la rive
du fleuve, un immense rocher s'est détaché
et a volé en éclats. La glace s'est crevassée.

*

Chez les bruyants
luisent les ors : les exceptions
les hormis et les donc.
Les domaines.

Irkoutsk, 8 août 1830 : 2 secousses violentes.
Le 31 mars 1832 : tremblements assez forts, le 2e
en particulier. Kiachta (Sibérie) :
forte secousse le 11 avril 1832.

*

Nulle place pour ceux
d'en dessous et d'ensuite ;
les tard-venus, les oublie-moi
les coule-à-pic.

Le 28 janvier 1849, à Ischim, des bruits souterrains se sont produits, semblables à un vent violent. Puis il y a eu une détonation. Longues oscillations. Les maisons ont été secouées.

*

Au milieu du vacarme ça flambe
comme des gares. Cavernes
d'écume, piliers, ogives : les voûtes de sel
s'illuminent.

À Selenginsk, le 2 mars 1855, une forte secousse
a duré environ 10 secondes. L'eau de la Selinga
a monté, brisé la glace et interrompu
les communications pendant 5 jours.

*

Les cimes
grincent. Les marges s'arrachent.
Par le milieu les pages
s'ouvrent.

Le 12 janvier 1862, à Selenginsk : vers 4 heures une secousse verticale. Vers 11 heures, une autre semblable. À 14 h 17, forte secousse verticale. Vers 14 h 30, secousse ondulatoire du N. au S.

*

Tour à tour l'équarri, le pentu
les subordonnés, les raides
les à-peu-près, les quartiers-maîtres
tombent.

Le 13 janvier 1862, à Selenginsk, les bâtiments ont légèrement tremblé.
Le pendule sismique a tracé dans le sable un trou en forme d'entonnoir.

*

Le désordre est clair.
Les nefs
croulent.
Le bruit devient tout.

Le 30 juillet 1863
aux bouches de l'Amour : ondulation
assez faible
qui n'a duré que quelques secondes.

*

L'ivresse est souveraine.
Nous titubons.
Le fer tranche.
Le froid coupe.

Le 2 septembre 1864, 08 h 00, à Nertchinsk (Sibérie), une secousse désastreuse a eu lieu. En cet endroit les montagnes sont granitiques et les sources thermales nombreuses.

*

Rien ne résiste.
Soufflés par le typhon
les cordages et les mâts
cassent net.

Le 14 janvier 1887, à Tomsk (Sibérie), faible secousse ondulatoire, puis, bruit de grêle.
2e secousse plus forte, vaisselle renversée, rocs détachés de l'Altaï.

*

Il se produit aussi que
du fer, du salpêtre
des grêlons
nous cinglent.

Le 20 novembre 1933, à 18 h 21
un séisme de magnitude 7,3 s'est produit
au sud de la baie de Baffin, par 73° N.
et 70,75° O., à une profondeur de 10 km.

*

Que cela soit. Personne
ne marchande. Le dessus
et l'envers s'enchevêtrent.
Le temps se descelle.

Au Kamchatka, le 4 novembre 1952, est survenu un séisme d'une rare violence (magnitude 9,0). Son hypocentre a été localisé à la pointe ouest de la faille de Béring.

*

Sous la ligne s'enfoncent
le proche, le tenu
l'entier.
Les morts et les chambres.

Après le séisme, un tsunami s'est abattu sur Severo-Kurilsk, faisant 2 336 morts dans un village de 6 000 personnes. Le raz-de-marée a atteint le Chili et la Nouvelle-Zélande.

*

Tous nous sommes
emportés par le plomb des moraines :
nous
chutons – nous sommes.

Le 24 mai 2013, à 16 h 47, un grand séisme
(magnitude 8,3) s'est produit en mer d'Okhotsk
à une profondeur de 600 km. La secousse
a été ressentie jusqu'à Moscou, à 7 000 km de là.

*

Nous : hommes et femmes
d'os.
Impurs et ciels.
Nous voilà.

3

Vingt et un motets
à symétrie inversée
(Disparitions pour deux voix)

J'écris ceci dans le sol noir, la poussière de charbon mêlée aux argiles à mollusques et aux galets. J'entends contre tes os l'écrasement des glaces : les empilements rocheux aux désordres puissants, aux arrogances avachies.

J'écoute le broyage des mots, les consonnes griffées par les schistes, le limon des voyelles. Je dis adieu aux phrases perdues, dissoutes dans le lait des glaciers.

L'espoir est une patience. Loin sous les pôles, le feu médite des émeutes.

1.

Vous fracturez le sol, empoisonnez l'eau. Vous enrobez les semences avec de l'acétamipride, de la clothianidine, du thiaméthoxame.

21.

Voici les mois et les ans.
Voici les morts et les noms
qu'ils portaient.

2.

Vous prétendez savoir (vous dites
ou faites dire par vos employés
moyennant salaire) que cela est sans danger.

20.

Voici les raisons du profit, la morale
des affaires, les victoires
devant les tribunaux.

3.

Les lacs, les abeilles, les mammifères
et les humains, les plantes, les océans, les sols
ne sont pas de votre avis.

19.

Voici l'argent de la multitude.
Les visages
des hommes et des femmes. Des chiens.

4.

Avec constance et méthode
sous l’effet des poisons
ils meurent.

18.

Voici les tués, les disparus
les suicidés, les devenus-fous
les sans-mémoire.

5.

En langage officiel, rien
de tout cela, aucun de ces agents chimiques
ne présente de risque significatif pour la santé.

17.

Voici les voyages d'affaires, les privilèges
et les robes ; hôtels chic, minauderies, truffes
à la menthe sur l'oreiller.

6.

En langage officiel, nécessairement et
invariablement, les autorités tiennent
à rassurer la population.

16.

Voici le catalogue des richesses, des objets désirables
qu'il vous faut à tout prix.

7.

(En langage simplifié, le personnel politique
veille à ce que l'affliction générale
reste cachée.

15.

Voici la norme : carnage et tromperie.
Voici ce que veut dire
à tout prix.)

8.

La vie, les vivants
ne comptent pas : l’argent construit
et détruit à mesure, manque et abonde.

14.

Nous faisons porter à nos enfants
des uniformes ; nous répétons pour eux les noms
de l’aplatissement, de la servitude.

9.

Les patrons nous demandent
de vénérer leurs maîtres : lobbydollars
médicaments, pétrorama. Nous acceptons.

13.

Diverses faveurs nous échoient. Nous obtenons
des primes, fréquentons les cocktails ;
somptueusement nous nous haïssons.

10.

Étourdis par les nombres nous laissons
les quantités, les taux
les dividendes nous conduire.

12.

Nous laissons l'insignifiance
décider – les chiffres faux, leur mensonge
décider.

11.

Nous cachons : la disparition de l'Arctique
le dégel de la toundra, le saccage des forêts
les maladies, la désertification.

11.

Nous cachons les inondations, les tornades
les hold-up de pays entiers. L'hébétude
des journaux ; le sang sur les éditoriaux.

12.

Nous cachons les profits
de la misère, l'intérêt
du pillage.

10.

Nous aimons que la richesse
tue. Nous aimons aussi croire
qu'elle nous épargnera.

13.

Gouverner signifie mentir
signifie
cacher.

9.

Signifie faire disparaître
signifie garder
pour soi.

14.

Ça transige. Ça fait
des affaires.
Ça crie.

8.

Nous prononçons avec honte
nos noms
et nos prénoms.

15.

Blanchisseurs, attachés, publicistes : vos discours mentent. Vos manières, vos vêtements, vos corps mentent.

7.

Nous entreprenons de disparaître.
Nous apprenons à penser en anglais
le grand et le petit, la langue et la Loi.

– Avertissement : certaines des images que vous allez voir risquent de paraître insoutenables.

16.

Vos demeures, vos amis, vos photos
vos ordures
mentent.

6.

Voici votre obsession de l'argent
vos tractations, vos ruses. Les faveurs
qu'elles vous ont obtenues.

17.

Vous êtes député ou ministre. Vous trahissez
mille paroles, prétendument données.
– À qui ?

5.

Voici nos tristesses, nos bouquets
de fleurs, nos cadeaux. Le satin des défaites.
Leur prix.

18.

Vous vous êtes vendus. Même pas au plus offrant mais au plus riche. Ça sent tellement mauvais qu'on en tombe malades.

4.

Voici les commandements ;
les cénacles et les chambres
dans lesquelles on tue.

19.

Tous nous sommes atteints. Nous
vos ouvriers. Votre bétail. Vos bénéfices.
Vos morts.

3.

Voici les décombres. L'odeur de la viande
remonte des corsages
des cheveux laqués.

20.

Intoxiqués par vous, battus par la police
humiliés par vos clowns, nous disparaissons.
Bientôt vous ne nous verrez plus.

2.

Ça trépigne, ça crie. Un bûcher d'or
prend feu. L'haleine des anges
empeste la boisson.

21.

N'empêche : le désordre va continuer
de croître. Nous allons resurgir.
Vous ne savez pas quand.

1.

Voilà enfin les restes, la suie : les ossements
de ceux que l'on brûle – de celles
que l'on a brûlées.

4

Boîte cent trente-huit (Testament)

J'écris ceci dans le corps de mon frère mort à l'âge de trente-sept jours ; son corps de tulle blanc, d'innocence dévorée par les mâchoires des titans. Son corps de silence, de fantôme revenant et traversant ; d'invité que nous n'avons pas su accueillir, pas su garder – rien su du tout, ignorants que nous sommes, humains de trop haut, dehors placés, nous les fragiles, les étrangers qui l'ont tenu.

Alors j'aperçus une plaine
qui se tenait en équilibre au-dessus
d'une autre
qu'elle cachait.

(L'une recouvrant
l'autre exactement ;
la révélant
et la cachant.)

Je vis sur cette plaine une foule apparaître
et disparaître quatre fois
consécutivement, chaque fois reprise
et redonnée au temps.

– À la rage du temps, à la
folie qui fait rage
sous les machines, au fond
du vide.

Je vis des geysers, des masses
d'argile se soulever ;
des hommes soûls s'arrachant
à leur poids, leur indolence –

– s'arrachant
à leur ruine, se gonflant
de promesses. Durs comme des peurs
flambant comme des ors.

À côté de cela, par-dessus
et en dessous, je vis des meurtres
se réclamer de la justice, des tortures
s'instituer, des menaces –

– destituer la décence. Je vis
des injures survenir, à demeure
s'installer ; dans les bouches
se multiplier.

(Je vis aussi des vanités, des arrogances
des gloires
courtes, des candeurs et des
banalités.

Aucune d'entre elles n'aurait pu
se prétendre innocente : les humains
font des armes avec tout, font
des armes de tout.)

Humain est celui
qui blesse et l'a voulu ;
qui aime
et ne l'a pas voulu.

Humaine est notre catastrophe
humaine notre humanité.
À rien d'autre
nous ne la mesurons.

La fin de notre histoire
navrante, presque entièrement
scandaleuse, nous la connaissons.
Et après ?

Humain est celui
qui oublie à mesure, à volonté ;
humain celui qui se venge
du plus petit oubli.

Tuer ne devait venir
qu'en dernier. C'était le mot
impossible, la charnière
du néant. Le voilà désormais premier –

– aussi bien que dernier.
Après lui ne peut surgir
que son recommencement : notre histoire
s'échouera dans la répétition.

Nous le savons, cela
se reproduit
de seconde en seconde. De violence
en violence.

D'homme à homme, de femme
à femme la malédiction se transmet, se dresse
et se pare. Elle se montre absolument, fait
la fière : impose, affame, jouit.

Les journaux usent à son égard
d'euphémismes honteux. Nous savons lesquels.
Ensemble ils gardent
un effrayant silence.

Cela *ne se dit pas.*
Cela *ne se voit pas.*
Seule la répétition
se voit.

À travers elle, du milieu d'elle je vous montre
des foules, des poisons
agricoles, des prisonniers
d'opinion.

Je vous montre des lacs de bitume ;
des casinos, des profits records. Des famines.
Des partis pornographiques, des discours
de débiles.

Je vous montre des cobayes – Arméniens
Amérindiens, les édentés du génocide, du grand
racisme d'argent : l'Europe blanche, l'Amérique
haute.

Je vous montre les colliers, les yachts
les accessoires sexy de la finance.
Menottes à diamants, perles noires, bracelets
de cheville. Les beautés asservies.

En désespoir de cause je vous montre
les bonheurs d'esclaves que nous ont préparés
les agences de voyage, les chaînes
d'alimentation.

(Le clinquant et le faste, hélas
nous enchantent toujours :
suites impériales, forfaits de luxe.
plusieurs extra.)

Il n'y a rien à espérer.
Rien à voir sinon l'aggravation
du pire. La fin de notre histoire
a déjà commencé.

Les politiciens la maquillent
par lâcheté, les vendeurs par intérêt
sinon par bêtise. À force de dégoût
de désespoir, nous nous taisons.

Dans ce désespoir pourtant – à même
ce monde un autre monde
a commencé.
Je ne le verrai pas.

Lorsqu'il viendra, je
ne serai plus là. De tout mon amour
je le regrette
– Solomon.

5

Poèmes pour les chiens
(Une lettre d'amour)

Je n'écris pas dans la tristesse. Je n'écris pas dans une chambre.

Je n'écris pas.

Je n'ai pas à tracer les rivières et les lacs, ni les ciels ni les effrayants navires qui croisent sous nos pieds, écartant le manteau de la terre, fendant par le milieu les plaques rocheuses et les continents.

Cela suit son cours, cela ne vient de personne : minérale bonté portée par le cœur froid des abysses, le cœur simple des géants.

Lorsque Paschetti ressortit, le monde avait basculé au fond d'une nuit de mille ans. Le porche et les lilas étaient de bronze. Une lune bonasse s'était trompée de saison. Il faisait doux.

Que s'était-il passé ?

J'écris ceci de côté.
Vers le bas.

J'écris dans le déni
(il est impossible
que notre monde
meure, que notre monde
disparaisse
– et pourtant).

J'écris dans la défaite.
J'écris en travers.

J'écris dans l'inconscience
les duretés.

La rue était tranquille, les chaumières dormaient. Bien installé au milieu des pelouses fraîches et des clôtures en bois, l'ordre des choses tenait bon.

Nous nous couchons sur la braise.
Nos âmes de résine crépitent.

À un feu rouge Paschetti vit une voiture s'arrêter sagement. À trois mètres d'une borne-fontaine, un lampadaire défectueux clignotait. Nulle autre voiture ne venait.

Nos filles tu les as faites, nos fils élevés
pour toi-même uniquement.

Pas d'autos devant, ni à gauche ni à droite. Le conducteur pianotait sur le volant en écoutant la radio.

Nos femmes tu les as prises. Pas aimées.
Ton désir tue.

Dieu des vengeances, dieu des foules.
Nous t'aimons immensément.

Il attendit que le feu passe au vert, puis repartit.

Chaque pas que nous faisons rapporte à quelqu'un. Nous entrons quelque part et payons. Quand nous sortons le sens se referme. Jusqu'à ce qu'un autre débrouillard plante une pancarte devant chez lui et invente de nouveaux droits d'entrée.

Paschetti songea qu'il aurait peut-être dû appeler un taxi.

J'abats des colonnes.
Je creuse des gouffres.
Je ne sais pas ce que j'attends.

Les secondes s'échappent.
La lumière poudroie.
Les vérités s'aggravent.

Je ne remonte pas.

Le vent soulève les branches
couche les fougères.
Seigneur il est temps
que tu t'en ailles, que tu partes.

Tu ne vois plus ce que tu fais.
Tu comptes à l'envers
tu maltraites
les nombres.

*Je m'égare, je le sais. J'écris par poussées
et par fièvres ; par amour
par exception.*

J'écris par désespoir. Ma détermination
ne fléchit pas. Je touche au fond.
Les lettres sont des ancres.

Mon dieu est un matin frisquet, une vive insistance, un anneau de fiançailles, un cran d'arrêt.

Un escabeau de bois, une nièce ingénue de la princesse de Guermantes.

Une expression inexacte. Un mot que l'on cherche et que l'on ne trouve pas.

Une averse à Paris.

Une affaire conclue.

Mon dieu est un verre d'eau à moitié vide déposé au coin d'une table ; quelqu'un l'a bu durant la nuit, à la porte d'un rêve.

Mon dieu est une grande quantité de pissenlits éparpillés sur une pelouse ; année après année infaillibles et fidèles.

Mon dieu s'effraie de cet amour.

La beauté tue.

Mon dieu est celui qui se met en colère.
Celui qui boit.

Celui qui ne sait pas lire. Qui meurt
et ne donne pas de leçons.

Dont les lettres sont perdues.
Dont les enfants mangent.

Il est.

Le très-malade. Le déchaussé.
Le disparu.

Des papiers.

Solomon n'avait rien laissé d'autre. De sa main de vieillard, de poivrot, d'apprenti macchabée, il avait fait des taches sur des fiches en carton.

Des pâtés d'encre, des éraflures, des trous dans son ciel russe.

Ton destin ne vaut pas cher.
Des prophètes et des apothicaires
te harcèlent ; l'infini est un grelot
sur la porte d'une boutique ésotérique.

Sans parler de ce que tu as fui.
Tes orgueils de luxe.
Tes défaites. Tes morts.
Résigne-toi.

Il avait gratouillé de son écriture illisible des boîtes et des boîtes de fiches pastel, cent trente-huit exactement, *nombre sphénique* avait griffonné Solomon.

« Somme de nombres premiers, avait expliqué sa fille.
Quatre, avait-elle précisé.
Consécutifs », avait-elle ajouté.

Paschetti voyait des papiers et des boîtes ; les nombres ne lui disaient rien.

« Pour ce que ça peut foutre, avait-il grommelé.
– Ne soyez pas grossier voulez-vous ?
– Trop tard. Pardonnez-moi. »

Je suis le renié. Celui qui dans le seul
a trouvé le plus bas ; dans le plus bas
le plus ivre. – Et dans le cœur
du plus aimé, le plus injuste.

Je suis le tout petit début, la lettre
minuscule, ce que l'on écrit
à peine. Je suis le tu
le dépouillé.

Le déhiscent
le loin-jeté ;
l'arraché
le nu.

Un taxi vint à passer, conduit par une sorte de majordome. Paschetti lui donna une adresse puis se ravisa, en indiqua une autre.

« Bien, monsieur », murmura le chauffeur.

Il lui demanda finalement de s'arrêter devant un bar. L'endroit paraissait distingué, un rien lugubre.

« Vingt-neuf dollars, monsieur.
– C'est pour un enterrement », dit-il au chauffeur en le réglant.

Le majordome opina.

« Certainement monsieur. Avec tous mes respects, monsieur. »

Et toi.
Ma seule-aimée
mon abolie
ma disparue –

– tes trente et une élévations
et tes trente-sept indignités ;
tes quarante et une minutes
de bonheur, te les rappelles-tu ?

La nuit était tiède. On aurait dit déserte, n'eût été la musique provenant du bar : une rengaine triste qui s'échappait d'une fenêtre et coulait dans la rue.

Paschetti regarda le taxi s'éloigner et décida de rentrer à pied.

NOTES

PREMIÈRE PARTIE

1

Les informations sur Alfred Wegener, Laurentia, le Carbonifère et la dérive des continents proviennent d'un ensemble de documents en ligne, dont les deux suivants qui font figure de synthèses :
http://www.geopedia.fr/derive-continents.html
http://www2.ggl.ulaval.ca/personnel/bourque/s4/cambrien.pangee.html

3

p. 60, deux dernières lignes : Bertolt Brecht, *Poèmes*, Paris, L'Arche éditeur, 1965, p. 144.

4

p. 67, deuxième paragraphe : Raoul Blanchard, « Études canadiennes (3e série). La plaine de Montréal », dans *La revue de géographie alpine*, vol. XXVII, nº 2, 1939, p. 253. Document disponible en ligne :
http://www.persee.fr/web/revues/home/prescript/article/rga_0035-1121_1939_num_27_2_4250

p. 69, deux dernières lignes : Bertolt Brecht, *Poèmes*, p. 109.

DEUXIÈME PARTIE

1

p. 101, fin du premier paragraphe : « Dniepr », *Encyclopaedia Universalis*. Document disponible en ligne :
http://www.universalis.fr/encyclopedie/dniepr/

2

Les informations sur les séismes survenus en Russie aux XVIIIe et XIXe siècles proviennent des manuscrits n°s 39 à 44 de Fernand de Montessus de Ballore (1851-1925) : cahier n° 39, *Basse-Sibérie* ; n° 40, *Altaï* ; n°s 41 et 42, *Baïkalie* ; n° 43, *Bassin de l'Amour* ; n° 44, *Côte de la Mer d'Okhotsk.* Ces dossiers datent de 1905 ; ils sont disponibles en ligne sur Gallica (Bibliothèque nationale de France) :
http://gallica.bnf.fr/Search?ArianeWireIndex=index&p=1&lang=FR&q=montessus+russie

p. 133 : pour Camille Readman-Prud'homme.

En début et en fin de chapitre, les informations relatives aux séismes du 17 octobre 1737, du 20 novembre 1933, du 4 novembre 1952 et du 24 mai 2013 proviennent respectivement des sites suivants :
http://www.come4news.com/historique-des-seismes,-xxe-siecle,-ayant-frappe-larc-volcanique-hokkaido-kouriles-kamchatka-658331
http://www.seismescanada.rncan.gc.ca/histor/20th-eme/1933baffin-fra.php
http://lesmoutonsenrages.fr/2013/05/24/seismes-fortes-secousses-a-plusieurs-endroits-de-la-planete/

4

p. 210 : pour Raymond Chandler.

TABLE

POÉSIE ET PROSE

Dernières parutions

José Acquelin	*L'absolu est un dé rond* *L'inconscient du soleil* précédé de *Chien d'azur* *L'infini est moins triste que l'éternité* *L'oiseau respirable* *Là où finit la terre* *Le zéro est l'origine de l'au-delà*
Daphnée Azoulay	*Marbre* *Tout près de la nuit*
Claude Beausoleil	*Baroque du nord* *Le chant du voyageur* *Exilé* *La manière d'être* *Rue du jour* *Unknown* *La vie singulière*
Mathieu Boily	*Le grand respir*
Louise Bouchard	*Entre les mondes*
Dany Boudreault	*Et j'ai entendu les vieux dragons battre sous la peau* *Voilà*
Mario Brassard	*Choix d'apocalypses* *Le livre clairière* *La somme des vents contraires*
François Charron	*Ce qui nous abandonne* *Clair génie du vent* *Éloge de l'inconnu* *Obéissance par le chaos* *Le passé ne dure que cinq secondes*

Marie-Josée Charest	*Le reste du monde* *Rien que la guerre, c'est tout*
Corinne Chevarier	*Anatomie de l'objet* *Dehors l'intime* *Les recoins inquiets du corps*
Stéphane D'Amour	*Dans mes paysages* *L'île* *La peinture*
Carole David	*Abandons* *La maison d'Ophélie* *Manuel de poétique à l'intention des jeunes filles* *Terra vecchia* *Terroristes d'amour* suivi de *Là où se trouve ton âme*
Jean-Marc Desgent	*Les paysages de l'extase* *La théorie des catastrophes*
Roxane Desjardins	*Ciseaux*
Roger Des Roches	*La Cathédrale de tout* *Le corps encaisse* *Dixhuitjuilletdeuxmillequatre* *Le nouveau temps du verbe être* *Nuit, penser* *Le propriétaire du présent*
Jean-Simon DesRochers	*L'obéissance impure* *Parle seul*
Philippe Drouin	*Les bras de Bernstein* *Tutu*
Isabelle Duval	*Le ciel comme passage*
Julie Fauteux	*C'est un bruit qui me sauve* *Démolition de nuit*
Alain Fisette	*La beauté est incurable* *Le condom de l'amitié* *Je suis un fumier !*

	Lee & Sophia
	Plus personne n'a l'intention de dormir
	Tous mes lecteurs sont morts
	La vie est pratique pour ranger des souvenirs
Gérald Gaudet	*La fiction de l'âme* précédée de *Le lendemain du monde*
Marilène Gill	*L'heure verte*
	Une eau de chiens
Mélanie Grenier	*121 cafards et un fusil*
	Entre les vertèbres
Jean-Pierre Guay	*L'errance amoureuse*
	Le premier poisson rouge
Louis-Philippe Hébert	*La chute de l'ange*
	Correspondance de guerre
	Le livre des plages
	Les poèmes d'amour
	Vieillir
Claire Hélie	*Quelqu'un t'a touché*
Stéphane Jean	*Géométrie des cataclysmes*
	Jamais l'espace
	La patience des labyrinthes
Benoit Jutras	*L'année de la mule*
	L'étang noir
	Nous serons sans voix
	Outrenuit
	Verchiel
Marcel Labine	*Carnages*
	Le pas gagné
	Le tombeau où nous courons
	Promenades dans nos dépôts lapidaires
Étienne Lalonde	*C'est encore la guerre*
	Chemins mal éclairés
	Devenir vieux

	Histoires naturelles
	Vivier, Claude
Tania Langlais	*La clarté s'installe comme un chat*
	Douze bêtes aux chemises de l'homme
	Kennedy sait de quoi je parle
Marie Aude Laperrière	*Jours de grand appétit*
René Lapierre	*Aimée soit la honte*
	L'eau de Kiev
	Fais-moi mal Sarah
	Là-bas c'est déjà demain
	Love and Sorrow
	Piano
	Pour les désespérés seulement
	Traité de physique
	Viendras-tu avec moi ?
Alain Bernard Marchand	*Chants d'un autre siècle*
	Comptines
	Jours inouïs
Frédéric Marcotte	*Évangile*
	Notre-Dame-du-Vertige
	Théorie de la crise
Roland Marquis	*L'aveugle en sursis*
	Le miroir des espèces
	Nos fleurs vigilantes
Carole Massé	*La mémoire dérobée*
Hélène Monette	*Kyrie eleison*
Claude Paré	*Comme un chaos*
	Exécuté en chambre
	Pas de bouche
	Zéro
Annie Perrault	*Le désordre de la petite chambre*
Yannick Renaud	*La disparition des idées*
	Éclairer le ciel, exposer l'ombre
	Taxidermie

Dominique Robert	*Caillou, calcul*
	La cérémonie du Maître
	Leçons d'extérieur
	Pluie heureuse
	Sourires
Danielle Roger	*Éclats de verre en vase clos*
André Roy	*C'est encore nous qui rêvons*
	Le cœur est un objet noir caché en nous
	De la nature des mondes animés et de ceux qui y habitent
	Les espions de Dieu
	Nous sommes tous encore vivants
	Professeur de poésie
	Tout, rien, quelque chose
	La très grande solitude de l'écrivain pragois Franz Kafka
	Vies
France Théoret	*Une mouche au fond de l'œil*
Martin-Pierre Tremblay	*Une année bissextile*
Denis Vanier	*Le baptême de Judas*
	La castration d'Elvis
	Le fond du désir
	Porter plainte au criminel
	Renier son sang
	Tu me trompes avec un oiseau
	L'urine des forêts
Élisabeth Vonarburg	*Ailleurs ici*
	Le lever du récit
	Slow Dance
Nathalie Watteyne	*Celle qui*

Éditions Les Herbes rouges
C. P. 48880, succ. Outremont
Montréal (Québec) H2V 4V3
Téléphone : 514 279-4546

Document de couverture :
17 avril, 14 h, photographie de Ruth Major Lapierre, 2005

Distribution : Diffusion Dimedia inc.
539, boulevard Lebeau
Montréal (Québec) H4N 1S2
Téléphone : 514 336-3941

Diffusion en Europe : Librairie du Québec
30, rue Gay-Lussac
75005 Paris (France)
Téléphone : (01) 43-54-49-02
Télécopieur : (01) 43-54-39-15

Cet ouvrage a été achevé d'imprimer
sur les presses de l'Imprimerie Gauvin
à Gatineau en février 2015
pour le compte des
Éditions Les Herbes rouges

Imprimé au Québec (Canada)